Longdrinks

Claudia Boss-Teichmann (Hg.)

Sie sind auf der Suche spritzigen Idee für Ihre Party? Hier werden Sie fündig: Ob klassische Longdrinks, ob Drinks mit exotischen Früchten und karibischem Flair oder Köstliches mit Eis und Milch – für jeden Anlass ist etwas dabei. Übrigens: Diese Drinks kann man sich auch einfach mal „nur so" gönnen!

Inhalt

Longdrinks Übersicht 2

Buntes Mixvergnügen 5

Rezepte

Partydrinks 8

Aperitifs 28

Alkoholfrei 38

Mit Milch und Sahne 50

Alphabetisches Rezeptverzeichnis 62

Rezeptverzeichnis nach Kapiteln 63

Longdrinks Übersicht

Rezept	Seite	Shaker	fruchtig-süß	herb-frisch	Trend	Classic	Tropical
Whiskey Sour	8	✔		✔		✔	
Flushing Meadow	8	✔	✔				
Tequila Sunrise	10		✔		✔	✔	
Tequila Maracuja	10	✔	✔				✔
Singapore Sling	12	✔	✔		✔	✔	
Snowball	12					✔	
Casablanca	14	✔	✔			✔	
Orangentraum	14	✔	✔				
Summertime	16	✔	✔				
Swinger's Light	16	✔	✔				
Planter's Punch	18		✔				✔
Soft Green	18		✔		✔		
Superlongdrink „Rudolfo"	20		✔				✔
Cuba Libre	20			✔		✔	
Piña Colada	22		✔			✔	
Mai Tai	22		✔				✔
Banana Daiquiri	24		✔				✔
Caribbean Rose	24	✔	✔		✔		

Rezept	Seite	Shaker	fruchtig-süß	herb-frisch	Trend	Classic	Tropical
Pierre Collins	26			✔	✔		
Zombie	26		✔				✔
Rosie's	28			✔	✔		
Negroni „Long"	28			✔	✔		
Mint Fizz	30	✔		✔		✔	
Fizz Sekt Orange	30	✔		✔	✔		
Ice Rickey	32	✔		✔	✔		
Roter Champagner	32		✔			✔	
Blaue Lagune	34			✔			✔
Tom Collins	34			✔		✔	
Kiss of Coconut	36						✔
Kir Abricot	36		✔		✔		
Pepper Tonic	38			✔			
Vitaminflip	38			✔	✔		
Mandarinen-Flip	40	✔	✔				
Orangen-Zitronen-Flip	40	✔	✔			✔	
Tomatendrink	42			✔	✔		
Lemon Cooler	42			✔		✔	

Aperitif

Alkohol frei

Rezept	Seite	Shaker	fruchtig-süß	herb-frisch	Trend	Classic	Tropical
Melon	44			✔	✔		
Beerenzauber	44	✔	✔				
Blue Batavia	46	✔	✔				✔
Fruit Cup	46	✔	✔				✔
Triver	48		✔				✔
Früchtezauber	48	✔	✔				
Apricot Cream Frappé	50		✔			✔	
Mint Cream Frappé	50			✔			✔
Orange Egg Nogg	52	✔			✔		
Grand Egg Nogg	52		✔			✔	
Cognac au Lait	54				✔		
Orient Express	54				✔		
Johannisbeer Creamy	56		✔			✔	
Ice Kir	56		✔		✔		
Eiscreme Soda „Banana“	58		✔			✔	
Eiscreme Soda „Erdbeere“	58	✔	✔			✔	
Pineapple Milk	60		✔			✔	
Blaubeermilch	60	✔	✔				

T mit Milch + Sahne

Buntes Mixvergnügen

Longdrinks – bereits der Name lässt gute Laune aufkommen. Der eine denkt an warme Sommerabende im Süden, der andere an eine coole Bar mit leiser Jazzmusik. Longdrinks, das sind Drinks für deren Genuss man sich Zeit nehmen sollte.
So vielfältig wie die bunten Getränke sind auch die Anlässe, zu denen sie passen: Man reicht sie zur Stehparty mit kleinen Häppchen, zur zwanglosen Geburtstagsfeier mit Freunden, zur Gartenparty mit karibischen Rhythmen oder als besonderen Aperitif.
Doch was ist ein Longdrink?
Der Barprofi versteht darunter ein Mixgetränk, das mindestens 14 cl Flüssigkeit und nicht mehr als 6 cl Alkohol enthält, dabei insgesamt nicht mehr als 6 Zutaten. Natürlich gibt es auch Londdrinks, die ganz ohne Alkohol auskommen.

Zutaten: von Apricot Brandy bis Zitrone

Die Grundzutaten der Longdrinks sind Spirituosen wie Branntweine oder Obstdestillate, Geschmacksträger wie Liköre oder Sirup und Auffüller wie Soda oder Fruchtsäfte. Für die Grundausstattung einer Hausbar genügt es, sich erst einmal drei Spirituosen, z. B. Brandy, Gin und Rum, und drei Liköre wie Campari, Cointreau und Curaçao blue anzuschaffen. Man richtet sich dabei am besten nach seinen eigenen Vorlieben. Longdrinks schmecken am besten, wenn man frisch gepresste Fruchtsäfte verwendet, ersatzweise Säfte mit 100 Prozent Fruchtanteil ohne Zusätze.

Eiswürfel sind für Longdrinks unverzichtbar. Je größer sie sind, desto langsamer schmelzen sie, und desto weniger wird der Drink verwässert. Um zerstoßenes Eis (crushed ice) ohne Eismaschine herzustellen, gibt man die Eiswürfel in ein Geschirrtuch und zerschlägt sie mit dem Fleischklopfer.
Werden Zitrusfrüchte zur Dekoration verwendet, sollten ausschließlich unbehandelte Früchte genommen werden.

Gerührt oder geschüttelt – Bargeräte

Außer Gegenständen, die sich sicher schon in Ihrem Haushalt befinden, benötigen Sie nur wenige Utensilien. An erster Stelle ist der Shaker zu nennen. Ideal sind Shaker mit einem Fassungsvermögen bis zu ³/₄ l. Man gibt das Eis, ungefähr drei Würfel pro Drink, und die Zutaten in den Shaker und schüttelt das Ganze 10 bis 20 Sekunden – keinesfalls länger, da sonst der Drink verwässert wird. Anschließend gießt man den Drink durch ein Barsieb ins Glas. Anstelle eines Barsiebs kann auch ein Teesieb verwendet werden.
Um Früchte zu pürieren, Milchshakes oder Drinks mit zerstoßenem Eis herzustellen, benutzt man einen Blender. Der haushaltsübliche elektrische Mixer erfüllt denselben Zweck. Zum genauen Abmessen empfiehlt sich ein Messbecher mit Einteilungen für 2 cl und 4 cl, ersatzweise kann ein Schnapsglas mit Eichstrich verwendet werden. Last but not least sind bunte Stirer, Cocktailspießchen und Trinkhalme in verschiedenen Farben und Größen für effektvoll dekorierte Longdrinks unverzichtbar.

Partydrinks 8
Aperitifs 28
Alkoholfrei 38
Mit Milch und Sahne 50

Die Rezepte

Die Rezepte

Whiskey Sour – The Original

- **Shaker ✓**
- fruchtig-süß
- **herb-frisch ✓**
- Trend
- **Classic ✓**
- Tropical

Für 1 Drink

4 cl Bourbon Whiskey
2 cl Zitronensaft
1 TL Zuckersirup
Eiswürfel
Soda (oder Mineralwassser)
1 Scheibe einer unbehandelten Orange
1 Cockailkirsche

1. Whiskey, Zitronensaft, Sirup und Eiswürfel im Shaker gut schütteln, in einen Tumbler seihen und mit Soda auffüllen.

2. Mit Orangenscheibe und Kirsche dekorieren.

Tipp

Zuckersirup, auch Läutersirup genannt, lässt sich ganz einfach selber herstellen. In 1 l kochendes Wasser 1 kg Zucker einrühren und aufkochen lassen. Nach dem Abkühlen in Flaschen abfüllen.

Flushing Meadow

- **Shaker ✓**
- **fruchtig-süß ✓**
- herb-frisch
- Trend
- Classic
- Tropical

Für 1 Drink

3 Eiswürfel
3 cl Bourbon Whiskey
1 cl Apricot Brandy
8 cl Orangensaft
1 cl Zitronensaft
1 Achtel einer unbehandelten Orange
1 Viertel einer unbehandelten Zitrone
zerstoßenes Eis

1. Die Eiswürfel mit den Flüssigkeiten im Shaker kurz schütteln und in ein Longdrinkglas abseihen.

2. Die Früchte dazugeben und den Drink mit zerstoßenem Eis auffüllen.

Tequila Sunrise

- Shaker
- **fruchtig-süß ✓**
- herb-frisch
- **Trend ✓**
- **Classic ✓**
- Tropical

Für 1 Drink

4 große Eiswürfel
4 cl Tequila
3 cl Grenadine
1 Spritzer Zitronensaft
10 cl Orangensaft
1 Scheibe einer unbehandelten Orange
Minze

1. Eiswürfel in ein Superlongdrinkglas geben.
2. Den Tequila und die Grenadine darüber gießen und einen Spritzer Zitronensaft dazugeben.
3. Langsam mit dem Orangensaft auffüllen und den Drink mit Orangenscheibe und Minze dekorieren.

Tequila Maracuja

- **Shaker ✓**
- **fruchtig-süß ✓**
- herb-frisch
- Trend
- Classic
- **Tropical ✓**

Für 1 Drink

6 Eiswürfel
4 cl Tequila
1 cl Red Orange
6 cl Maracujasaft
4 cl Orangensaft
1 cl Zitronensaft
1 Karambolenscheibe
1 Cocktailkirsche
1 Minzezweig

1. 3 Eiswürfel in ein Longdrinkglas geben.
2. Die flüssigen Zutaten im Shaker mit den restlichen Eiswürfeln schütteln und in das Longdrinkglas seihen.
3. Die Karambolenscheibe zusammen mit der Kirsche am Sticker über den Glasrand legen.
4. Den Minzezweig auf die Flüssigkeit legen.

Singapore Sling

- Shaker ✓
- fruchtig-süß ✓
- herb-frisch
- Trend ✓
- Classic ✓
- Tropical

Für 1 Drink

3 cl Gin
1,5 cl Cherry Heering
1 cl Cointreau
2 cl Limettensaft
1 Spritzer Angostura
6 – 8 Eiswürfel
2 Spritzer Bénédictine (Kräuterlikör)
Ananassaft
1 Cocktailkirsche
1 Stück Ananas

1. 3 oder 4 Eiswürfel in ein Longdrinkglas geben.
2. Alle flüssigen Zutaten außer dem Ananassaft und dem Bénédictine zusammen mit 3 bis 4 Eiswürfeln im Shaker schütteln.
3. Durch das Barsieb in das Longdrinkglas geben. Mit dem kalten Ananassaft auffüllen und umrühren. Den Bénédictine dazugeben.
4. Die Cocktailkirsche und die Ananas auf einen Sticker spießen und über den Glasrand legen. Mit einem Trinkhalm servieren.

Snowball

- Shaker
- fruchtig-süß
- herb-frisch
- Trend
- Classic ✓
- Tropical

Für 1 Drink

4 cl Eierlikör
3 – 4 Eiswürfel
Zitronenlimonade

1. Den Eierlikör in ein Longdrinkglas mit Eiswürfeln geben. Vorsichtig mit der Zitronenlimonade auffüllen.
2. Mit einem langen Stirer servieren.

rechts:
Casablanca
unten:
Orangentraum

Casablanca

Shaker ✓
fruchtig-süß ✓
herb-frisch
Trend
Classic ✓
Tropical

Für 1 Drink

- 6 Eiswürfel
- 3 cl Wodka
- 1 cl Eierlikör
- 1 cl Galliano
- 2 cl Zitronensaft
- 4 cl Orangensaft
- Orangen- und Limonenscheibe

1. 3 Eiswürfel zerstoßen und in ein Longdrinkglas geben.

2. Alle Flüssigkeiten im Shaker mit den restlichen Eiswürfeln kräftig schütteln und in das Longdrinkglas seihen.

Orangentraum

Shaker ✓
fruchtig-süß ✓
herb-frisch
Trend
Classic
Tropical

Für 1 Drink

- 1 unbehandelte Orange
- 1 Cocktailkirsche
- 6 – 8 Eiswürfel
- 3 cl Gin
- 1,5 cl Apricot Brandy
- 1,5 cl Grand Marnier
- 6 cl Orangensaft
- 6 cl Ananassaft
- 2 Pfefferminzblätter

1. Die Orangenschale spiralförmig abschälen.

2. Die Orangenschale um die Cocktailkirsche wickeln und diese „Rose“ mit einem Sticker befestigen.

3. 3 bis 4 Eiswürfel in ein Longdrinkglas geben.

4. Alle flüssigen Zutaten mit den restlichen Eiswürfeln im Shaker schütteln und in das Longdrinkglas seihen.

5. Mit „Rose“ und Minzblatt dekorieren.

Summertime

Shaker ✓
fruchtig-süß ✓
herb-frisch
Trend
Classic
Tropical

Für 1 Drink

- 6 – 8 Eiswürfel
- 3 cl Gin
- 1 cl Cinzano rosso
- 1 cl Noilly Prat
- 12 cl Ananassaft
- 1/2 TL Eiweiß
- 1 Spritzer Angostura-Bitter

1. 3 bis 4 Eiswürfel in ein Longdrinkglas geben.

2. Die restlichen Zutaten im Shaker schütteln und durch das Barsieb in das Glas seihen. Mit einem Trinkhalm servieren.

links: Summertime
rechts: Swinger's Light

Swinger's Light

Shaker ✓
fruchtig-süß ✓
herb-frisch
Trend
Classic
Tropical

Für 1 Drink

- 1 unbehandelte Orange
- 4 Eiswürfel
- 2 cl Wodka
- 2 cl Amaretto
- 1 cl Zitronensaft
- 10 cl Orangensaft
- 1 Scheibe einer unbehandelten Zitrone

1. Die Schale der Orange spiralförmig mit einem Sparschäler abschälen.

2. Die Eiswürfel und die Flüssigkeiten im Shaker kräftig schütteln und in ein Longdrinkglas seihen.

3. Die Orangenschale in das Glas geben und die Zitronenscheibe an den Glasrand stecken.

Tipp

Besonders fruchtig-aromatisch wird der Drink, wenn Sie frisch gepressten Orangensaft verwenden.

Planter's Punch

- Shaker
- **fruchtig-süß ✓**
- herb-frisch
- Trend
- Classic
- **Tropical ✓**

Für 1 Drink

5 Eiswürfel
6 cl brauner Rum (Myer´s Rum)
4 cl Orangensaft
4 cl Ananassaft
3 cl Zitronensaft
2 cl Grenadine
1 cl Zuckersirup
1 Cocktailkirsche
1/2 Scheibe einer unbehandelten Orange
1/4 Scheibe Ananas
1/2 Scheibe Kiwi
1 dicke Scheibe Banane
1 Minzezweig

1. Die Eiswürfel in ein großes Longdrinkglas geben. Rum, Fruchtsäfte, Grenadine und Zuckersirup darüber gießen. Alles gut umrühren.

2. Die Früchte auf einen langen Spieß stecken und in das Glas stellen. Den Longdrink mit der Minze dekorieren.

Soft Green

- Shaker
- **fruchtig-süß ✓**
- herb-frisch
- **Trend ✓**
- Classic
- Tropical

Für 1 Drink

2 Kugeln Vanilleeis
3 cl Curaçao blue
2 cl Gin
6 cl Orangensaft
1 cl Limettensaft
1 Scheibe einer unbehandelten Orange

1. Alle Zutaten bis auf die Orangenscheibe in einem Longdrinkglas verquirlen.

2. Den Drink mit der Orangenscheibe dekorieren und mit einem Quirl servieren.

Superlongdrink „Rudolfo“

- Shaker
- **fruchtig-süß ✓**
- herb-frisch
- Trend
- Classic
- **Tropical ✓**

Für 1 Drink

4 Eiswürfel
2 cl brauner Rum
2 cl Amaretto
2 cl Wodka
4 cl Maracujasaft
4 cl Ananassaft
2 cl Zitronensaft
2 cl Grenadine
1/2 Scheibe Ananas
Früchte der Saison

1. Die Eiswürfel in ein sehr großes Longdrinkglas geben (es sollte 1/2 Liter Flüssigkeit fassen).

2. Rum, Amaretto, Wodka, Fruchtsäfte und Grenadine darüber gießen. Alles gut umrühren.

3. Die Ananasscheibe klein schneiden und hinzufügen.

4. Das Glas mit einem Spieß aus Früchten der Saison dekorieren und mit einem Trinkhalm servieren.

Cuba Libre

- Shaker
- fruchtig-süß
- **herb-frisch ✓**
- Trend
- **Classic ✓**
- Tropical

Für 1 Drink

4 Eiswürfel
4 – 6 cl weißer Rum
1/4 Limette
150 – 200 ml Cola
1 Scheibe Limette zur Dekoration

1. Die Eiswürfel in ein hohes Longdrinkglas geben und den Rum darüber gießen.

2. Das Limettenviertel in das Glas ausdrücken und hineingeben. Mit der Cola auffüllen.

Piña Colada

- Shaker
- **fruchtig-süß ✓**
- herb-frisch
- Trend
- **Classic ✓**
- Tropical

Für 1 Drink

5 Eiswürfel
6 cl weißer Rum
4 cl Ananassaft
1 cl Zitronensaft
3 cl Coconut Cream
1/4 Scheibe geschälte Ananas
1/2 TL Kokosraspel
1/4 Scheibe ungeschälte Ananas

1. Die Eiswürfel zusammen mit dem Rum, den Fruchtsäften, der Coconut Cream, der geschälten Ananas und den Kokosraspeln in einem Blender so lange mixen, bis das Eis und die Ananas zerschlagen sind.

2. Dann in ein Longdrinkglas gießen und das Glas mit dem Ananasviertel dekorieren.

Mai Tai

- Shaker
- **fruchtig-süß ✓**
- herb-frisch
- Trend
- Classic
- **Tropical ✓**

Für 1 Drink

zerstoßenes Eis
4 cl brauner Rum (Myer´s Rum)
2 cl Curaçao orange
4 cl Orangensaft
2 cl Ananassaft
2 cl Zitronensaft
2 cl Zuckersirup
1 Scheibe Limette, 1 Minzzweig

1. Ein großes Longdrinkglas zur Hälfte mit zerstoßenem Eis füllen und den Rum, den Likör, die Säfte und den Zuckersirup darüber gießen. Alles gut umrühren.

2. Den Longdrink mit der Limettenscheibe und dem Minzzweig dekorieren und mit einem Trinkhalm servieren.

rechts:
Banana Daiquiri
unten:
Caribbean Rose

Banana Daiquiri

- Shaker
- fruchtig-süß ✓
- herb-frisch
- Trend
- Classic
- Tropical ✓

5 Eiswürfel
6 cl weißer oder brauner Rum
3 cl Zitronensaft
2 cl Zuckersirup
1/2 Banane
1 dicke Scheibe Banane
1 Cocktailkirsche

Für 1 Drink

1. Die Eiswürfel mit Rum, Zitronensaft, Zuckersirup und der halben Banane in einen Mixer geben und so lange mixen, bis die Banane fein püriert und das Eis zerschlagen ist.

2. Die Banane und die Kirsche auf ein Spießchen stecken, den Drink in ein Longdrinkglas gießen und den Früchtespieß darüber legen. Mit einem dicken Trinkhalm servieren.

Caribbean Rose

- Shaker ✓
- fruchtig-süß ✓
- herb-frisch
- Trend ✓
- Classic
- Tropical

1 Orangenschalenspirale
1 Cocktailkirsche
3 cl brauner Rum
2 cl Curaçao Triple sec
1 cl Amaretto
1 cl Zitronensaft
10 cl Maracujasaft
6 – 8 Eiswürfel
2 Pfefferminzblätter

Für 1 Drink

1. Die Orangenspirale um die Kirsche wickeln und so eine Rose formen. Mit einem Sticker befestigen.

2. Alle flüssigen Zutaten im Shaker mit 3 bis 4 Eiswürfeln schütteln und durch das Barsieb in das mit den restlichen Eiswürfeln gefüllte Longdrinkglas seihen.

3. Mit der „Rose" und den Minzblättern dekorieren.

Pierre Collins

- Shaker
- fruchtig-süß
- **herb-frisch ✓**
- **Trend ✓**
- Classic
- Tropical

Für 1 Drink

3 Eiswürfel
4 cl Cognac
2 cl Zitronensaft
2 cl Zuckersirup
Soda (oder Mineralwasser)
1 Scheibe einer unbehandelten Zitrone
1 Cocktailkirsche

1. Die Eiswürfel in einen Tumbler geben.

2. Den Cognac, den Zitronensaft und den Zuckersirup mischen und auf die Eiswürfel geben.

3. Mit Soda auffüllen und mit den Früchten garnieren.

Zombie

- Shaker
- **fruchtig-süß ✓**
- herb-frisch
- Trend
- Classic
- **Tropical ✓**

Für 1 Drink

4 Eiswürfel
4 cl brauner Rum
2 cl Apricot Brandy
4 cl Ananassaft
2 cl Limetten- oder Zitronensaft
2 cl Orangensaft
2 cl Zuckersirup
1/4 Scheibe Ananas
1 Scheibe Banane
1 Scheibe einer unbehandelten Orange

1. Die Eiswürfel in ein Longdrinkglas geben und alle flüssigen Zutaten einschließlich des Zuckersirups darüber gießen. Alles gut umrühren.

2. Die Fruchtstücke auf einen Cocktailspieß stecken und über das Glas legen.

Rosie's

- Shaker
- fruchtig-süß
- **herb-frisch ✓**
- **Trend ✓**
- Classic
- Tropical

Für 1 Drink

1 cl Orangenlikör
4 cl Campari
8 cl Grapefruitsaft
Sekt
1 Scheibe einer unbehandelten Orange
1 Melonenkugel

1. Likör, Campari und Saft in ein Longdrinkglas geben und mit Sekt auffüllen.

2. Mit der Orangenscheibe und der Melonenkugel dekorieren.

Tipps

Die klassischen Campari-Longdrinks sind Campari Orange und Campari Soda. Für diese Drinks einfach 5 cl Campari in ein Glas geben und mit Orangensaft bzw. Soda auffüllen.

Sie können den Campari auch durch einen alkoholfreien Bitter, zum Beispiel den italienischen Bitterino, ersetzen.

Negroni „Long"

- Shaker
- fruchtig-süß
- **herb-frisch ✓**
- **Trend ✓**
- Classic
- Tropical

Für 1 Drink

3 Eiswürfel
2 cl Gin
2 cl Campari
2 cl Vermouth rosso
Soda (oder Mineralwasser)
1 Scheibe einer unbehandelten Orange

1. Die Eiswürfel in ein Superlongdrinkglas geben.

2. Darüber den Gin, den Campari und den Vermouth gießen, umrühren und das Ganze mit Soda auffüllen.

3. Den Drink mit der Orangenscheibe garnieren.

Mint Fizz

- Shaker ✓
- fruchtig-süß
- herb-frisch ✓
- Trend
- Classic ✓
- Tropical

Für 1 Drink

4 cl Gin
1 cl Crème de Menthe grün
3 cl Zitronensaft
2 cl Zuckersirup
Eiswürfel
Soda (oder Mineralwasser)
1 Zweig Pfefferminze

1. Gin, Crème de Menthe, Zitronensaft, Sirup und Eiswürfel in den Shaker geben, kräftig schütteln und in das Longdrinkglas seihen. Nach Belieben mit Eiswürfeln verdünnen.
2. Mit Soda auffüllen und die Pfefferminze auf den Glasrand stecken. Mit Trinkhalm servieren.

Tipp

Fizzes enthalten Alkohol, Fruchtsaft und werden mit Soda aufgefüllt. Sie werden immer mit Trinkhalm serviert.

Fizz Sekt Orange

- Shaker ✓
- fruchtig-süß
- herb-frisch ✓
- Trend ✓
- Classic
- Tropical

Für 1 Drink

3 cl Gin
3 cl Orangensaft
Eiswürfel
6 cl Sekt oder Champagner
1/2 Scheibe einer unbehandelten Zitrone

1. Den Gin, den Orangensaft und das Eis kräftig im Shaker schütteln.
2. In ein Kelchglas seihen und mit dem Sekt auffüllen.
3. Die Zitronenscheibe auf den Glasrand stecken. Mit Trinkhalm servieren.

Ice Rickey

Shaker ✓
fruchtig-süß
herb-frisch ✓
Trend ✓
Classic
Tropical

Für 1 Drink

1 unbehandelte Zitrone
1 Kugel Zitroneneis
4 cl Scotch Whisky
3 cl Limettensaft
1 Spritzer Grenadine
Eiswürfel
Soda (oder Mineralwasser)
1 Limettenscheibe

1. Die Zitrone waschen und die Schale spiralförmig abschälen. Die Zitrone durchschneiden und eine Hälfte auspressen. Den Zitronensaft zusammen mit dem Whisky, dem Limettensaft, der Grenadine und einigen Eiswürfeln im Shaker kräftig schütteln.

2. Eiswürfel in ein Longdrinkglas geben und den Drink darüber seihen.

3. Mit Soda auffüllen und mit der Zitronenschale und der Limettenscheibe garnieren.

Roter Champagner

Shaker
fruchtig-süß ✓
herb-frisch
Trend
Classic ✓
Tropical

Für 1 Drink

2 TL pürierte Erdbeeren
Champagner (oder Sekt)

Das Beerenpüree in ein Sektglas geben und mit dem Champagner auffüllen.

Blaue Lagune

- Shaker
- fruchtig-süß
- **herb-frisch ✓**
- Trend
- Classic
- **Tropical ✓**

Für 1 Drink

4 Eiswürfel
3 cl Gin
3 cl Curaçao blue
14 cl Zitronenlimonade
1 Zitronenscheibe

1. Die Eiswürfel in ein Longdrinkglas geben. Gin und Curaçao blue darüber gießen, mit Limonade auffüllen und vorsichtig umrühren.

2. Die Zitronenscheibe an den Glasrand stecken. Mit Trinkhalm servieren.

Tipp

Der Original Curaçao kommt von der gleichnamigen Karibikinsel. Es gibt diesen Orangenschalenlikör in hell, orange, grün und blau.

Tom Collins

- Shaker
- fruchtig-süß
- **herb-frisch ✓**
- Trend
- **Classic ✓**
- Tropical

Für 1 Drink

3 Eiswürfel
4 cl Gin
2 cl Zitronensaft
1 cl Zuckersirup
Soda (oder Mineralwasser)
1/2 Scheibe einer unbehandelten Zitrone
1 Cocktailkirsche

1. Die Eiswürfel in ein Longdrinkglas geben.

2. Gin, Zitronensaft und Zuckersirup verrühren und auf das Eis geben. Mit Soda auffüllen.

3. Die Zitronenscheibe an den Glasrand stecken und die Kirsche ins Glas geben. Mit einem langen Sticker servieren.

Kiss of Coconut

Shaker
fruchtig-süß
herb-frisch
Trend
Classic
Tropical ✓

Für 1 Drink

3 – 4 EL zerstoßenes Eis
3 cl weißer Rum
1 cl brauner Rum
10 cl Kokosmilch

1. Das zerstoßene Eis in ein Longdrinkglas geben.
2. Den Rum und die Kokosmilch darüber gießen und alles gut verrühren. Mit einem Trinkhalm servieren.

Tipp

Dekorieren Sie den Kokosdrink mit Ananasspießchen und servieren Sie ihn mit bunten Trinkhalmen.

Kir Abricot

Shaker
fruchtig-süß ✓
herb-frisch
Trend ✓
Classic
Tropical

Für 1 Drink

1 cl Aprikosenlikör
trockener Sekt oder Champagner

Den Likör in das Glas geben und mit dem eiskalten Sekt oder Champagner auffüllen.

Tipps

Der klassische Kir besteht aus Crème de Cassis (Likör aus schwarzen Johannisbeeren) und trockenem Weißwein.

Einen Kir Royal erhält man, wenn statt des Weißweins Sekt oder Champagner zum Auffüllen genommen wird.

Pepper Tonic

- Shaker
- fruchtig-süß
- **herb-frisch ✓**
- Trend
- Classic
- Tropical

Für 1 Drink

1 unbehandelte Zitrone
2 cl Zitronensaft
3 cl Pfefferminzsirup
Tonicwater

1. Die Schale der Zitrone spiralförmig abschälen.

2. Den Zitronensaft und den Pfefferminzsirup in ein Longdrinkglas geben und mit Tonicwater auffüllen.

3. Die Zitronenschale über den Glasrand hängen.

Vitaminflip

- Shaker
- fruchtig-süß
- **herb-frisch ✓**
- **Trend ✓**
- Classic
- Tropical

Für 1 Drink

100 ml Buttermilch
60 ml Tomatensaft
Salz
frisch gemahlener Pfeffer
geriebene Muskatnuss
1/4 Paprikaschote
1 EL gehackte Kräuter (Dill, Schnittlauch, Basilikum, Petersilie)
1/4 TL Leinsamen
1 Basilikumblatt

1. Die Buttermilch mit dem Tomatensaft verrühren, mit Salz, Pfeffer und Muskatnuss abschmecken.

2. Die Paprika entkernen und das Fruchtfleisch würfeln.

3. Die Kräuter und die Paprikawürfel in die Buttermilchmischung geben und alles pürieren.

4. Das Getränk in ein Longdrinkglas geben, mit Leinsamen bestreuen und mit dem Basilikumblatt garnieren.

Mandarinen-Flip

- **Shaker ✓**
- **fruchtig-süß ✓**
- herb-frisch
- Trend
- Classic
- Tropical

Für 1 Drink

6 cl Orangensaft
4 cl Mandarinensirup
4 cl Sahne
1 Spritzer Grenadine
1 Eigelb
6 – 8 Eiswürfel
2 Mandarinenspalten
1 Cocktailkirsche

1. Alle flüssigen Zutaten zusammen mit dem Eigelb und 3 bis 4 Eiswürfeln im Shaker schütteln. In ein Longdrinkglas mit 3 bis 4 Eiswürfeln seihen.
2. Die Mandarinenspalten und die Cocktailkirsche auf ein Spießchen stecken und über den Glasrand legen.

Orangen-Zitronen-Flip

- **Shaker ✓**
- **fruchtig-süß ✓**
- herb-frisch
- Trend
- **Classic ✓**
- Tropical

Für 1 Drink

3 Eiswürfel
4 cl Orangensaft
2 cl Zitronensaft
2 cl Grenadine
1 Eigelb
1 Scheibe einer unbehandelten Orange
1 Cocktailkirsche

1. Die Eiswürfel, die Flüssigkeiten und das Eigelb im Shaker schütteln und in einen Tumbler seihen.
2. Die Cocktailkirsche mit einem Spießchen an der Orangenscheibe befestigen, die Orangenscheibe einschneiden und an den Glasrand stecken.

Tomatendrink

Shaker
fruchtig-süß
herb-frisch ✓
Trend ✓
Classic
Tropical

Für 1 Drink

10 cl Tomatensaft
1 TL Zitronensaft
50 g Magerjoghurt
1–2 EL Sangria pikante
weißer Pfeffer
Salz
1 EL saure Sahne
1 TL Schnittlauchröllchen

1. Alle Zutaten bis auf die saure Sahne und den Schnittlauch zusammen im Elektromixer gut mixen und in ein hohes Glas geben.
2. Die saure Sahne mit dem Schnittlauch glatt rühren und als Tupfer auf den Drink geben.

Lemon Cooler

Shaker
fruchtig-süß
herb-frisch ✓
Trend
Classic ✓
Tropical

Für 1 Drink

3 TL Zuckersirup
2 cl Zitronensaft
2 Eiswürfel
Gingerale

1. Den Zuckersirup und den Zitronensaft zusammen mit den Eiswürfeln in einen Tumbler geben.
2. Mit dem gut gekühlten Gingerale auffüllen.

Tipp

Sie können diesen Drink statt mit Gingerale auch mit Bitter Lemon auffüllen.

rechts: Melon
unten:
Beerenzauber

Melon

Shaker
fruchtig-süß
herb-frisch ✓
Trend ✓
Classic
Tropical

Für 1 Drink

1/4 Netz- oder Honigmelone
2 cl Grenadine
eiskaltes Tonicwater oder Gingerale
Melisse

1. Mit einem Kugelausstecher aus dem Melonenfruchtfleisch kleine Kugeln ausstechen und in ein hohes Glas mit Eis geben.
2. Mit der Grenadine übergießen und mit dem Tonicwater oder dem Gingerale auffüllen.
3. Den Drink mit der Melisse dekorieren und mit Spieß servieren.

Tipp

Wichtig für den erfrischenden Geschmack dieses Drinks ist eine wirklich eiskalte Melone. Legen Sie sie daher am besten schon einen Tag vorher in den Kühlschrank.

Beerenzauber

Shaker ✓
fruchtig-süß ✓
herb-frisch
Trend
Classic
Tropical

Für 1 Drink

5 EL frische Beeren
1 cl Himbeersirup
1 cl Kirschsaft
2 cl Johannisbeersaft
6 cl kalter Früchtetee
eiskaltes Mineralwasser

1. Die Beeren in ein Longdrinkglas geben. Den Sirup, die Säfte und den Tee im Shaker kräftig schütteln und über die Beeren seihen.
2. Den Drink mit Mineralwasser auffüllen und mit einem Barlöffel servieren.

Blue Batavia

Shaker ✓
fruchtig-süß ✓
herb-frisch
Trend
Classic
Tropical ✓

Für 1 Drink

- 3 cl Ananassaft
- 3 cl Birnensaft
- 3 cl Maracujasaft
- 3 cl Aprikosensaft
- 1 cl Zitronensaft
- 1 cl Curaçao blue, ohne Alkohol
- 3 Eiswürfel
- Bitter Lemon
- 1 Scheibe einer unbehandelten Zitrone
- 1 Cocktailkirsche

1. Die Säfte mit dem Curaçao und dem Eis im Shaker schütteln. Den Drink in ein Longdrinkglas abseihen.

2. Mit Bitter Lemon auffüllen und mit einer Zitronenscheibe und einer Cocktailkirsche dekorieren.

Fruit Cup

Shaker ✓
fruchtig-süß ✓
herb-frisch
Trend
Classic
Tropical ✓

Für 1 Drink

- 8 cl Maracujasaft
- 4 cl Ananassaft
- 4 cl Zitronensaft
- 2 cl Orangensaft
- 2 cl Grenadine
- 1 Ananasstück
- 1 Cocktailkirsche
- 1 kleiner Zweig Melisse

1. Die Säfte und die Grenadine im Shaker schütteln und in ein Longdrinkglas mit Eis abseihen.

2. Mit einem Ananasstück, einer Cocktailkirsche und der Melisse dekorieren.

Triver

Shaker
fruchtig-süß ✓
herb-frisch
Trend
Classic
Tropical ✓

Für 1 Drink

5 cl Maracujasaft
4 cl Pfirsichsaft
2 cl Zitronensaft
3 cl Coconut Cream
Eiswürfel
Mineralwasser
1 Kiwischeibe
1 Cocktailkirsche
1 kleiner Zweig Minze

1. Die Säfte mit der Coconut Cream auf Eis in ein Longdrinkglas geben, verrühren und den Drink mit Mineralwasser auffüllen.
2. Mit einer Kiwischeibe, einer Cocktailkirsche und der Minze dekorieren.

Früchtezauber

Shaker ✓
fruchtig-süß ✓
herb-frisch
Trend
Classic
Tropical

Für 1 Drink

6 Eiswürfel
einige Stückchen Ananas
4 cl Pfirsichsaft
4 cl Grapefruitsaft
4 cl Bananensaft
2 cl Grenadine
Tonicwater
Minzblätter
1 Pfirsichspalte

1. Drei Eiswürfel und die Ananasstückchen in ein Longdrinkglas geben.
2. Die Säfte mit der Grenadine und den restlichen Eiswürfeln im Shaker schütteln, in das Glas abseihen. Mit Tonicwater auffüllen. Mit einer Pfirsichspalte und Minze dekorieren.

rechts:
Mint Cream Frappé
links:
Apricot Cream Frappé

Apricot Cream Frappé

Shaker
fruchtig-süß ✓
herb-frisch
Trend
Classic ✓
Tropical

Für 1 Drink

zerstoßenes Eis
2 Kugeln Aprikoseneis
3 cl Apricot Brandy
3 cl Aprikosensaft
2 cl Milch
1 TL Zuckersirup
2 Aprikosen
Borkenschokolade

1. Das zerstoßene Eis und das Aprikoseneis in ein großes Glas geben.

2. Die Flüssigkeiten und den Zuckersirup mischen, darüber gießen und umrühren.

3. Die Aprikosen waschen, entsteinen und klein schneiden. Den Drink mit den Aprikosenstückchen und der Borkenschokolade dekorieren.

Mint Cream Frappé

Shaker
fruchtig-süß
herb-frisch ✓
Trend
Classic
Tropical ✓

Für 1 Drink

zerstoßenes Eis
1 Kugel Kokoseis
1 Kugel Minzeis
4 cl Crème de Menthe grün
4 cl Milch
1 cl Zitronensaft
1 TL Zuckersirup
Pfefferminzblättchen

1. Das zerstoßene Eis in ein großes Glas geben.

2. Die übrigen Zutaten bis auf die Pfefferminzblättchen darüber geben, sorgfältig verrühren und mit den Minzblättchen dekorieren.

Orange Egg Nogg

Shaker ✓
fruchtig-süß
herb-frisch
Trend ✓
Classic
Tropical

Für 1 Drink

- 4 cl Cointreau
- 4 cl Orangensirup
- 4 cl Milch
- 2 cl Sahne
- 1 Ei
- 3 Eiswürfel
- 1 Kumquat (Miniorange), Minze

1. Alle flüssigen Zutaten und das Ei in einem Shaker mit Eis kräftig schütteln. In einen Tumbler abseihen.
2. Das Glas mit der Miniorange und der Minze garnieren und sofort servieren.

Tipp

Egg Noggs enthalten immer Milch und Eigelb. Für diese Drinks sollten Sie ausschließlich ganz frisches Eigelb verwenden.

Grand Egg Nogg

Shaker
fruchtig-süß ✓
herb-frisch
Trend
Classic ✓
Tropical

Für 1 Drink

- 4 cl Cognac
- 2 cl Grand Marnier
- 4 cl Sahne
- 2 cl Milch
- 1 cl Zuckersirup
- 1 Eigelb
- 3 Eiswürfel
- 1 Scheibe einer unbehandelten Orange

1. Alle Zutaten bis auf die Orangenscheibe mit dem Eis kräftig im Shaker schütteln und durch das Barsieb in ein Longdrinkglas geben.
2. Das Glas mit der Orangenscheibe dekorieren.

Cognac au Lait

Shaker
fruchtig-süß
herb-frisch
Trend ✓
Classic
Tropical

Für 1 Drink

100 ml sehr kalte Vollmilch
1/2 TL Instantkakao
2 cl Cognac
1 Prise Zimtpulver
1/2 EL Zucker
2 EL geschlagene Sahne
Schokoraspel
Minze

1. Milch, Kakao und Cognac zusammen mit Zimt und Zucker verquirlen und in ein Glas füllen.

2. Einen dicken Sahnetupfer auf den Drink setzen und die Schokoraspel darüber streuen. Mit der Minze dekorieren.

Tipp

Dieser Drink schmeckt auch sehr gut, wenn er mit heißer Milch zubereitet wird.

Orient Express

Shaker
fruchtig-süß
herb-frisch
Trend ✓
Classic
Tropical

Für 1 Drink

200 ml sehr kalte Vollmilch
1 EL Instantkakao
2 cl Amaretto
fein gemahlene Mandeln

1. Die Milch in ein hohes Rührgefäß gießen, den Kakao dazugeben und mit einem Schneebesen so lange durchschlagen, bis die Schokomilch schaumig ist.

2. Den Amaretto unterrühren.

3. Den Rand eines hohen Glases mit Wasser befeuchten und in die gemahlenen Mandeln tauchen. Den Drink vorsichtig einfüllen.

Johannisbeer Creamy

Shaker
fruchtig-süß ✓
herb-frisch
Trend
Classic ✓
Tropical

Für 1 Drink

1 Kugel Johannisbeereis
5 cl Johannisbeersirup
2 cl Kirschsaft
gut gekühlte Milch zum Auffüllen
50 g rote Johannisbeeren
1 Rispe rote Johannisbeeren

1. Das Eis in einen Tumbler geben, Sirup und Saft darübergießen und das Ganze verrühren.
2. Das Glas mit Milch auffüllen und die gewaschenen, verlesenen Beeren in den Drink geben.
3. Den Drink mit der Johannisbeerrispe garnieren und mit einem Teelöffel servieren.

Ice Kir

Shaker
fruchtig-süß ✓
herb-frisch
Trend ✓
Classic
Tropical

Für 1 Drink

1 Kugel Kirscheis
6 cl Crème de Cassis
3 cl Kirschwasser
Sekt
1 Cocktailkirsche

1. Das Kirscheis in ein hohes, schmales Glas geben. Die Crème de Cassis mit dem Kirschwasser mischen und darüber gießen.
2. Mit Sekt auffüllen und den Drink mit der Cocktailkirsche dekorieren.

Tipp

Verwenden Sie für diesen Drink nur trockenen oder extra trockenen Sekt, damit er nicht zu süß wird.

Eiscreme Soda „Banana“

- Shaker
- **fruchtig-süß ✓**
- herb-frisch
- Trend
- **Classic ✓**
- Tropical

Für 1 Drink

2 cl Bananenlikör
8 cl Bananensaft
1 cl Grenadine
2 Kugeln Bananeneis
Soda (oder Mineralwasser)
1 Stück Wassermelone

1. Likör, Saft und Grenadine in einen Tumbler geben und umrühren. Das Bananeneis hinzugeben.
2. Mit Soda auffüllen und mit Melonenkugeln garnieren.

Tipp

Eine alkoholfreie Variante der Sodas entsteht, wenn der Likör durch Fruchtsirup ersetzt wird.

Eiscreme Soda „Erdbeere“

- **Shaker ✓**
- **fruchtig-süß ✓**
- herb-frisch
- Trend
- **Classic ✓**
- Tropical

Für 1 Drink

2 Kugeln Erdbeereis
2 cl Erdbeerlikör
2 cl Zitronensirup
Soda (oder Mineralwasser)

1. Das Erdbeereis in einen Tumbler geben.
2. Den Likör und den Sirup in einem Shaker mischen, über das Eis gießen und den Drink mit Soda auffüllen.

Pineapple Milk

Shaker
fruchtig-süß ✓
herb-frisch
Trend
Classic ✓
Tropical

Für 1 Drink

1 Kugel Ananaseis
4 cl Ananassirup
2 cl Ananassaft
1 cl Zitronensaft
Milch
1 EL Ananasstücke

1. Das Ananaseis in einen Tumbler geben. Den Sirup mit den Säften mischen und zu dem Eis geben.
2. Das Ganze mit eiskalter Milch auffüllen und mit den Ananasstückchen dekorieren.

Blaubeermilch

Shaker ✓
fruchtig-süß ✓
herb-frisch
Trend
Classic
Tropical

Für 1 Drink

1 Kugel Vanilleeis
3 cl Blaubeersirup
3 cl Milch
2 Eiswürfel
Soda (oder Mineralwasser)

1. Das Vanilleeis, den Sirup und die Eiswürfel mit der Milch im Shaker schütteln und in einen Tumbler abseihen.
2. Mit Soda auffüllen und mit einem Trinkhalm servieren.

Alphabetisches Rezeptverzeichnis

A
Apricot Cream Frappé 50

B
Banana Daiquiri 24
Beerenzauber 44
Blaubeermilch 60
Blaue Lagune 34
Blue Batavia 46

C
Caribbean Rose 24
Casablanca 14
Cognac au Lait 54
Cuba Libre 20

E
Eiscreme Soda „Banana“ 58
Eiscreme Soda „Erdbeere“ 58

F
Fizz Sekt Orange 30
Flushing Meadow 8
Früchtezauber 48
Fruit Cup 46

G
Grand Egg Nogg 52

I
Ice Kir 56
Ice Rickey 32

J
Johannesbeer Creamy 56

K
Kir Abricot 36
Kiss of Coconut 36

L
Lemon Cooler 42

M
Mai Tai 22
Mandarinen-Flip 40
Melon 44
Mint Cream Frappé 50
Mint Fizz 30

N
Negroni „Long“ 28

O
Orange Egg Nogg 52
Orangentraum 14
Orangen-Zitronen-Flip 40
Orient Express 54

P
Pepper Tonic 38
Pierre Collins 26
Piña Colada 22
Pineapple Milk 60
Planter's Punch 18

R
Rosie's 28
Roter Champagner 32

S
Singapore Sling 12
Snowball 12
Soft Green 18
Summertime 16
Superlongdrink „Rudolfo“ 20
Swingers Light 16

T
Tequila Maracuja 10
Tequila Sunrise 10
Tomatendrink 42
Tom Collins 34
Triver 48

V
Vitaminflip 38

W
Whiskey Sour 8

Z
Zombie 26

Rezeptverzeichnis nach Kapiteln

Partydrinks

Banana Daiquiri 24
Caribbean Rose 24
Casablanca 14
Cuba Libre 20
Flushing Meadow 8
Mai Tai 22
Orangentraum 14
Pierre Collins 26
Piña Colada 22
Planter's Punch 18
Singapore Sling 12
Snowball 12
Soft Green 18
Summertime 16
Superlongdrink „Rudolfo" 20
Swinger's Light 16
Tequila Maracuja 10
Tequila Sunrise 10
Whiskey Sour 8
Zombie 26

Aperitifs

Blaue Lagune 34
Fizz Sekt Orange 30
Ice Rickey 32
Kir Abricot 36
Kiss of Coconut 36
Mint Fizz 30
Negroni „Long" 28
Rosie's 28
Roter Champagner 32
Tom Collins 34

Alkoholfrei

Beerenzauber 44
Blue Batavia 46
Früchtezauber 48
Fruit Cup 46
Lemon Cooler 42
Mandarinen-Flip 40
Melon 44
Orangen-Zitronen-Flip 40
Pepper Tonic 38
Tomatendrink 42
Triver 48
Vitaminflip 38

Mit Milch und Sahne

Apricot Cream Frappé 50
Blaubeermilch 60
Cognac au Lait 54
Eiscreme Soda „Banane" 58
Eiscreme Soda „Erdbeere" 58
Grand Egg Nogg 52
Ice Kir 56
Johannesbeer Creamy 56
Mint Cream Frappé 50
Orange Egg Nogg 52
Orient Express 54
Pineapple Milk 60

Impressum

Im FALKEN Verlag sind zahlreiche Titel zum Thema „Essen und Trinken" erschienen.
Sie erhalten sie überall dort, wo es Bücher gibt.

Sie finden uns im Internet: **www.falken.de**

Dieses Buch wurde auf chlorfrei gebleichtem und säurefreiem Papier gedruckt.

Der Text dieses Buches entspricht den Regeln der neuen deutschen Rechtschreibung.

ISBN 3 8068 2611 0

Umschlaggestaltung: Martina Eisele, München
Gestaltung: red.sign, Stuttgart
Redaktion: Anja Halveland
Herstellung: Petra Becker, Heiko Köllner
Titelbild: Klaus Arras, Köln
Weitere Fotos auf dem Umschlag: TLC-Foto-Studio GmbH, Velen-Ramsdorf: Umschlaginnenseite; Umschlagklappe hinten, innen, li. o., li. Mi., li u. sowie re. o., re. Mi., re. u.; Umschlagklappe hinten, außen, li. / **FALKEN Archiv: U. Kerth:** Umschlagklappe hinten, außen, Mi.; **K. Arras:** Umschlagklappe hinten, außen, re.
Rezeptfotos: TLC-Foto-Studio GmbH, Velen-Ramsdorf
Weitere Fotos im Innenteil: TLC-Foto-Studio GmbH, Velen-Ramsdorf, S. 1, 5, 6/7, 63

Satz: Lithotronic, Frankfurt/M.
Druck: Druckhaus Cramer, Greven

817 2635 4453 62